Thunderweavers

Camino del Sol

A Latina and Latino Literary Series

Thunderweavers

JUAN FELIPE HERRERA

The University of Arizona Press   Tucson

⊛ This book is printed on acid-free, archival-quality paper.
Manufactured in the United States of America

05   04   03   02   01   00   6   5   4   3   2   1

Library of Congress Cataloging-in-Publication Data
Herrera, Juan Felipe.
Thunderweavers / Juan Felipe Herrera.
p.   cm. — (Camino del sol)
English and Spanish.
ISBN 0-8165-1986-2 (alk. paper)
1. Indian women—Mexico Poetry. 2. Maya women—Mexico
Poetry.
3. Mayas—Mexico Poetry. I. Title. II. Series.
PS3558.E74 T48 2000   99-6486
811'.54—dc21   CIP

British Library Cataloguing-in-Publication Data
A catalogue record for this book is available from the British
Library.

Publication of this book is made possible in part by the
proceeds of a permanent endowment created with the
assistance of a Challenge Grant from the National
Endowment for the Humanities, a federal agency.

We don't need to ask for permission to be free.

—*from a mural in Acteal, Chenalhó, Chiapas*

Contents

Acknowledgments

For the Mayan women, children, and men who were ambushed and
killed in Acteal, Chiapas, in the winter of 1997—for their families, their
predecessors, and for those who continue to call upon justice and
peace in the Highlands, Mexico, and throughout the Americas and the
world.

For Margarita Luna Robles, without whom I would have less to say
for Lauro Flores and Alexis Mills Noebels, without whom my Spanish would not sing
for Patti Hartmann, Christine Szuter, Judith Wesley Allen, Lisa Bowden, and
Christopher Galvez, without whom this book would not be.

Gracias.

Thunderweavers

Xunka: The Lost Daughter

Xunka

I.

Chenalhó—who?
By which roads?
Among whose blood?

So many *güipiles* on fire
torches without end and mother Pascuala
her small hands, her eyes of lights and
this forest that crashes
over my breast.

Villages between darkness and fury.
The coffee vanishes, the harvest returns
in tiny girl explosions that no one can see.

II.

Tin roofs, slips in flame
corn names and moon names

of disappearance—Tell the moon
that I do not wish to see her
I do not wish to see my sister Makal's *güipil*
on the sand. Stars without destiny
without movement, or harvest—

yet the sun's path continues,
breaks out from our souls, rain comes down
in vicious spirals, one cloud here, another there
or perhaps it is my hand, my steps across the villages,
some violet smoke that crosses itself as it falls?

III.

San Cristóbal de las Casas, the smoke
crowns you, splintered hands, hunched children,
tortures in cross-word puzzles.

This river scurries
from the Highlands and Montes Azules to my legs.
The granaries are empty, the plows
are Tzotzil bone. Only rifles open their lashes

machine guns, the thirst of the ceiba
and the warehouse adorned with sad soldiers.

IV.

Gardens and tombs of mineral and vengeance
cornfields and corpses, women with red ribbons
in their braids, the girls—my friends in journey
icy with knife-like leaves on their backs and the moon
observes us, tolerates us and forgets us.

V.

Do you remember Grandmother Maruch who sold paper flowers
at Santo Domingo market, beside the church?

Do you remember Pascuala, carrying kindling with her
three sisters, in Chamula, on Sunday and on market day?

And Mikel from Zinacantán, who never sleeps, lies down
on the bank of the Río Grijalva and begins to listen to the whirlwind
of the earth. Will it be my heart? he asks.
Will it be my father who calls me with his machete?

VI.

Furnaces burst out of the trails with their *banderillas*
reddish, they drag the old ones. They swallow the girls
who fall into the infinite hollow, this storm of soldiers

and elegies of military tanks. Well then, we are blood
without borders, we survive in forests of devoured beings and streets
of foreign machinery, captains and sergeants go from house to house.
What's your name? they ask me. Where does your mother hide?

VII.

The street falls apart.
My grandmother Maruch sells squash and toasted corn.
Ocosingo cheese and three-day rolls. It falls apart.
I run and lose myself in the open fields, in the rage.

My small fists rise up
from a simple bag of sugar and coffee.

VIII.

I call out to my mother—Pascuala:

Are you on the road to Angel Albino Corzo?
Are you coming from Pohlo, your arms folded?
Did you fall in Xoyep, with brother Marianito?
Did they find you in La Concordia, among honey and ashes?
Did you ride to Huituipán, a jagged rock of supplications?
Now you arrive singing, with your favorite moon, in Jitotol?
Did they carry you from La Garrucha, with your eyes bandaged?
Do you hear Papá, in Mazapa de Madero, at the kiosk?
Are you unloading my father, Xun, on the grasses of Catazaja?
I wait for you, as always, in Pantelhó. Come!
I shield you in the night of Tenejapa. A candle, a flower!
We will walk together to Mitontic, full of yellow yarn
as this road to Chenalhó,
this night of storms and deep waters.

IX.

The Zapatistas are in mourning.
So many dead. Their songs and prayers float
through the broken regions, over the flowery dust of suffering.

I gaze at the stars. I ask for breath, a crumb from a fountain,
a lamb to appear, but only a thick beard of smoke falls,
a slaughtered decree from a low-voiced Don Presidente
and these feet that tremble when they touch the rainy earth.

X.

Tombs and martyrdom
How is it said in Spanish?
Blood ocean in full gallop?
How do you translate for the press?
My thatched-roof house erased forever
and my dog with terrible eyes
without a tongue from so many howls. How
do you say, how do you measure the sand
in my veins and my longish hair?
I am on fire, my legs,
so poor, erased too;
dust of flesh, water of tin
How do you say with the mouth open,
dead from thirst?

XI.

The beasts fled among the canyons.
Women were left, thrown down, their faces sweet
moss and their hands with elegant fingers, knots
clouds, in search of that tiny
girl democracy, the one that escapes us in moments
of treason and blood garrisons
through the loose thunder
at the foot of Tzontehuitz Mountain.

XII.

A smile glides over the water—
it is my face, spotted with cut grease.
It is the miles of mourning in my long black hair.
Do I still exist in this nothingness?
It is this tiny seed, this sigh
corn and squash, beans and thorns
in surrender over my shoulders.

XIII.

Here, rain comes down
burning leaves,
my knees black
gunpowder on your lips.

An onion wishes to be born
in a can, a heart and an orange
want to blossom in my older sister, Makal,
her belly of nine months, her white city
purple, abandoned in bitterness and hope.

XIV.

I want to eat a bit of tortilla
but I cannot find the city
the street does not appear, a shredded rose
catches me off guard, a violin
from a mysterious room
on the road, a candle among the ruins
the high silence on my forehead
I cannot find the milk, the fast
diamond of the poor, I search
for my mother weaving her *güipil* of suns and crosses
but I cannot find the small town
I don't see the meager trail, only this box
of troops and Tzotzil women marching
alongside the road, torn to pieces
I follow, with my hard dress—
today I am twelve years of age.

Pascuala: Mother among Thunder

PASCUALA

I.

My daughter, Xunka, you search for me—
you search in your shadow country.
I walk beside you and you ask for water,
you do not feel my flaming hands
you do not grasp these new vowels
of fire and tender frenzy in the wind.

II.

You do not look at me when I caress you.
"It is that crazy branch that haunts me," you say,
like this you call me—"crazy branch."

You tear through lost satchels and you come, fierce,
into the abandoned garrisons, nothing,
only the damp floors, the brilliant corners.

III.

They left me, half-buried, among the fields of coffee
full of smoke and leaves and mud and blood. I asked for mercy
with my open arms, but they forbade me to speak—
you are too ugly, what do you know, the lieutenant said.

They threw me with the others, young women and the girls
spotted with pus and open sores and flies and infinite wounds
from their black breasts to the sacred mountains of our gods.
They left me, half-buried, among the fields of coffee.

IV.

Remember, Xunka?
Remember when the uniforms descended?
They ambushed us and we ran from our barrio
we left the chickens and the tiny yarn beds
and the little fire cooking *nixtamal.*

And the dogs and the little ones?
And your eyes of centuries and your lips of seconds?
I walk and search for you
where there is more light, I search.

V.

Your grandmother escaped, they say. She left without a spoon
or blessings. She ended up in the insane puddles of bodies,
hands and wrists in delirium. I call her too,
and your sisters. Nothing, just my footsteps across this bandaged country.
All the rocks are tinted with my breath
the horizon kicks up voices of shadows and little dying girls.
An ocean of oils arrives, the waves that you always dreamed.

VI.

Here we suffer, here we find ecstasy, in this salt fist
this broken house of corn, here where the night flares
energy and chocolate flavors, dung and precious petals.
It was here where I fell, Xunka, you are old enough
to understand. I am proud of having survived.

Now you are left and this hungry flame of suns
in your bones.

VII.

I crossed through the anguish,
with my basket of yarn
the pueblo so poor, opaque, blasted with abandon
barefoot and fast, I crossed through the thin streets, with my
breast of rain showers and my feet and my spirit flying
here, I cried—hold on to my hair, take it, hold fast
come with me for a moment, we will go now
the two of us, with your sisters, Nuk and Makal,
and your little brother, Mariano, to hide from the guards.
Let us go rising over the dark night edges of this nation.

VIII.

Bishop García prepares the wake
between the bombs and the circular moans
he serves *atole* to the refugees, calls the press
a dialogue begins with the international voices
I ask that you go see him, organize,
do not forget your mother and your father
this smoke-whirled sepulchre.

IX.

They are dragging the women by the braids,
their breasts slashed, their ribbons bloodied.

Do not fall
do not lose yourself in the pestilence and smoke
in the howl of so many hanging fiestas.
Walk on, Xunka, walk, continue your inventory
the children of Oxchuk,
grandmothers of Larrainzar

this same dark street
meditate on it—it is my back
emits your rare and awakened heat.

X.

I sing upon sponges of ruins
at the crossroads, fortresses, the wicked spells
of the engineers and their gentleman's handkerchief.
I sing for the abused colonies, centennial foam
grinding stones, grinding bowls and the cheekbones of dawn
sewing thread and string, *nixtamal* and secret fixtures
made of yarn and wool, of pollen to tree bouquet
of war to freedom.

XI.

Your father's guitar
still lies next to the drinking well.
There in its silent scar
the drumbeat of the mountain is born.

The guitar tilts toward my sewing colors,
my cottons. Its strings are sewn
to my loom, waiting for your dark fingers.
The soldiers search for your father, they say,
but they do not know he is made of wool,
earth and song.

XII.

The pueblo's triumph will rise from a torn branch,
in a landscape of a wounded mare and a ruined cornfield.
It will be in your sisters, their instruments transformed
across the world. In the international pollen
the mountain's sudden conversion
into birds and serpents and women and hard thunder.

XIII.

Like this, liberty arrives, Xunka
across so many years and blood
in the moss and torn candles
a night of incandescent metals
the stampede of jaguar machines
little-girl backs that bleed and fall apart
flowers without heroes
cities without moons.

The house burns, Xunka
walk, listen, sing, gather
your voice, kernel by kernel
body with body
for everything, for every one.

XIV.

Xunka, you plant, dream, you weave
you kneel down, alone now—in an instant
there is no voice, no flame to give you light.

Your dreams lose themselves in the South
the borderlands crumble, all that remains
is earth and love.

Only you remain
the city under siege
and the sun.

As for me, Xunka, I will sleep here, next
to the green stream that crosses the worlds. My hands
keep weaving and they move with new agility.
Your steps go up to the Highlands, come down to the congregations.
There are voices that seek you and arms that protect you.

Each color, each pattern, Xunka,
is a new star.

Maruch: Grandmother of the Roads

Maruch

I.

When the soldiers broke through, I thought of you, Pascuala,
I ran toward the heart of the river, where we used to bare leaves and laughter.
The heavens escape us at these moments, only branches
that tear and trails open to the winds.

The rose denies itself and steel triumphs, the origin
of your hands, red maize, everything mixes and leaves me.
I left with my walking stick and a corn cob in my jute bag.

The moon lengthens, drips and froths at the mouth
the mountain sustains me and your eyes wake me.
My net bag hits me,
ash, iron—where are you?

II.

I smile at my destiny, the war, the few things left:
hoes for the burials, for rifles and funeral flutes.
I dream of you and my children in the Soconusco, drinking
tropical fruit nectars, in a tiny ranch in Huixtla.

Among the muskets and scattered leaves, the dreams come:
I am in Cancuc, like the sacred girl that witnessed La Virgen appear
from one moment to the next—I join her,

she says:
Maruch, Maruch, do you hear me? See

there is no more King, no more President, no more slavery!
Maruch, touch them, these clouds that travel over your feet.
She gives me a rosary and copal.

I wake then
in the barracks of uniformed bosses,
their wolf eyes, voices without souls.

III.

A military tank brushes me, but I escape.
Huaraches and a bag, fists and ashes, the moon whirls.

I go along the edges and explosions.
The country thickens with weeping and bodies,
they open as roses.

Xunka, where?
Pascuala, in what cave?
Makalita, are you running ahead on the road?

Will they be at the gathering by the cathedral
in San Cristóbal, on the grass eating papaya?
And you, Pascuala, do you hear me or am I merely talking
to my grandfather Canek, the specter that accompanies me
the one that pushes me with a *xawaxté*—
this walking stick of black wood.

IV.

I used to cook in a thatched-roof house,
a house of weaving, solar bursts.
In Pascuala's hands
a world and sky were born,
light pouring over a simple
grinding stone and white corn.

One morning flames blossomed
between the guitar, my bed and the tiny feet
of my daughters. Then machine guns
and then the deep hollows,
thick greenish ink of *güipiles*
night became an arrow, then *güipiles* themselves
exploded, others appeared
other furnaces overflowed
from the hardened breasts, piled on top of each other
bodies without faces, vessels without destinies.

V.

I go down the mountain, a gurney from the Red Cross
the foreigners give me sugar water, oxygen
and they ask me questions in Spanish.

All I hear are the bells
I can sense each stripped flower, each crime
of backs crossed with bullets
each boy as if my own
each girl as if my own
each shredded young squash plant, in the dead puddle
I only hear the bells and so many heavy rivers
tumbling down from the Highlands.

VI.

Blood travels through the streets
some Ladinos close the doors of their sundry stores.
Blood travels by the low hills
some children become reddish forever.
Blood travels past the kitchens
the television and an altar of maize fade.
Travels along the wound of Mexico
an X in the center of its heart.

VII.

Why am I Tzotzil?
Why was I born in this land of so many storms?

I plant corn and yet I reap gunpowder
I plant coffee and yet I reap mad spirits
I plant my house and yet I reap the viscera
of this fallen earth.

Maruch, Maruch!
The sacred girl of Cancuc calls me
between another bottle of sugar water and needles and bandages.

Maruch, Maruch, wake up, you are almost in San Cristóbal.
Your family awaits you.

The architecture seems foreign, I spit without wanting to,
the night transgresses and stalks the day, mothers
run to me and shake me.

Is that you, Matal?
Is that you, Petrona?

A tiny fistful of red corn am I
I travel though an alien chasm
the acid from my forehead scalds me
I am from Chenalhó, that's what I say
and I break.

VIII.

Rifles and blue stones
loosened eyelashes and red corn nectars
everything rumbles and folds, the butter of blood
with the *chicha*, Sor Juana's cassock
against the bullets and the coffee
my very own hands, they tremble
and disappear and burn and ignite
guitar against *rebozo*
wounds against the afternoon that never ends
Mazariegos's statue, the coffee fields
of rolling darkened eyes
my thighs between the honeycomb flames
and crucified arms, the stars
the poor woman's bread, the jets
between the doves, sacristies and barracks
and the pines that breathe and whistle
furious machetes, explosion
of knives.

IX.

I touch you across the morning, Pascuala,
come here and kiss my forehead, is it you or another shadow?

Here are your daughters,
I found them at the bishop's table, in refuge
with students and gourds of chicken soup.

Come closer
they say soon I will use my legs.
Women from our village arrived,
friends from the plantation, so many times
I prayed for you with my stepped-on hands and
you came with your *güipil* ripped by blood
without hope.

Makalita, come here, get out of that hole!
Xunka, look, can you see this light?
Pascuala, come this instant, come flying.

X.

The earth mask explodes.
Newspapers burn, mountains
and crosses unfurl.

Who comes from the Highlands?
How many are we now?
Who is left, how many rise and meet
the light, what is this tongue of vowels
so heavy and pauses so eternal?

XI.

More youths arrive, they carry kindling,
corn gruel and recording machines.

Pascuala, I notice you in the darkened dust of the walls.
I kiss your hard hands, delicate as clouds.
The children play in the rubble.

XII.

Pascuala, the graygreen men continue with their parade.
Their gray breasts, their bitter spotted masks —
once they were our children.

We had the same knees.
We had the same plows.
The cornfields grew the same at the foot of our offerings.

Pascuala, you tear off their helmets. You give yourself to their guns,
to their cruelty and their president of delicate armor.

Pascuala, you shred everything from them — except
this infinite movement, this quake of night against night.

XIII.

Am I talking to myself?

Who am I sitting with, is that you, Pascuala?
You bring me hard bread and toasted corn, a watery coffee.

I touch your rough hair as a river, I touch your currents.
You are weaving something, but I cannot see, your hands open and close.
Your fingers flower and break, almost break.

You are dressed in white to the floor, I can feel it.
Everything I can feel, from body to body. Your voice consoles me.
This mineral and ash flavor leaves me for a while, for a moment.

Your hands caress me.
It is the light of the blood that flows outside.
It is the little and hunched light of the blood
that flows outside.

XIV.

The sun freezes,
lights up the cold and damp streets.

Falls over the winter that is reborn day to day.
Blows naked and eats up our tresses and vapors.

XV.

Makal!
Xunka, let's go
hand in hand to the clinic.
Makal, my walking stick!
Xunka, you are ahead with Pascuala.

We follow so many steps
over the crushed stones
of Chiapas machine-gunned and the tenderness
that still searches for a path, a voice.

Makal: Daughter of the Drums

Makal

I.

The sun rises
over the distant sands of my pueblo, Acteal
little pueblo of moss huaraches and mud walls.
Lights up the broken thatched-roof houses,
leaves thrown and roots without fruit.

Falls over the winter
that comes up breathless, without music
day to day, spins naked in its white Indian tunic.
It is a mouth that descends
across the streets of San Cristóbal,
searches for me, calls me Makal—is that you?

Is that you between the splinters?
The ancient sun nourishes itself with the girl drum
that dreams in my womb, this military storm.

II.

Yesterday an ambulance arrived
it came weaving its red electric ribbons.
I drank a sour water of corn powder.

They opened the doors and dropped an old woman
in the bishop's clinic, she was a fallen crystal
wrapped in sheets and bandages of black wine.

Is it you, Grandmother Maruch?
The old woman opened her eyes from a deep furnace.

She wanted to turn back, flee,
screamed something about Pascuala,
something about a new weave pattern, the coffee,
something about Xunka, my sister—
she called me Makal. The crystal fell
alone from the sky to the gurney
lost among other clouds and thin rain.

III.

I hear a distant drum, I hear flutes.
Beside the bishop's cathedral we lie down.
I nestle myself by my grandmother. Sing to her about the child
in my belly. I wash her wounds.

So many shadows, she tells me, I want to leave, she screams.
Where to, Madre Grande, I beg her. Where to?

Where there used to be cornfields
only dogs and match sticks remain. They sip the blood
that the earth has not finished drinking.
They sip sadnesses and rage.

The drum billows and expands
over the domes of the city
and the beheaded skies.

IV.

The press arrives, officials arrive.
Soldiers and rifles, vanilla-flavored corn gruel, each day
one liter of water.

And my mother, Pascuala? I shout to them.
And my sisters and brother, Nuk, Xunka, and Mariano?

I pull his thick helmet
the one with the silver-plated machine gun.

He retreats to the garrison.
Helmets instead of corn patches, rifles
instead of corn stalks.
I give my grandmother water,
her forehead fills with chaos and sweat.

Everything has changed forever,
except this cold wind that does not bear fruit.

V.

I am Makal,
the child woman of Chenalhó.
The willow tree daughter. My arms multiply
in the temple of the wounded. They cover them and lift them
and weave them through my exact branches.

I build a house, a bench, a chair
a floor where women dance without cruel ornaments
over their breasts, without blisters or scarred temples
where this river of sacrifice opens itself.

This womb is another willow, little moon leaf
branch of green winds and raw combat. It is of drum,
flute cane and day-break corn.

I visit my father Xun, at night.
Nurses come to him. Is it my daughter, Makal? he asks.
I am Makal, the child woman of the willows.

VI.

They ran out the governor of Chiapas
and his butlers. Only this room
of dream-walkers remains, these tiny wise stones of corn.

So many of us sad ones remain. So many
lying down, bluish, dark. Some dream
of the Festival of San Lorenzo in February, others
of their innocent women with their liquid hair.

VII.

The crosses of Tzontehuitz shield me.
My offerings, my flowers, the copal that I fanned them.

Madre Grande, you taught me everything. How to wrap the dress,
how to weave, how the *Pasiones* pray for forty days
before the *K'in nebal*, the Festival of the Clouds.

Grandmother Maruch, we are the weaving of the universe
rough and fleeting on your bosom. Your hard hands
so far from me, rise and fall in the night.

VIII.

Child, rise,
they come to see you. Yes,
Grandmother Maruch, I say.
I step down through the terrible stairs,
I leap over sheets soaked in fright
and pillows and faces without light.

They found a woman and two children.
She says she is after her daughter, Makal, pregnant.
The reporter from the capital repeats.

I run and stumble.
The drum begins again.
I embrace the woman and fall
to her bare feet
I kiss her bloody skirt.
I can't see, Makal, she says,
but I can feel you.

IX.

Makal, my walking stick,
my father moans.

Not yet, Xun, counsels
my mother. Not yet.

Grandmother Maruch gives him a tamarind candy.
And Xunka, my daughter? my father asks.

The jets become liquid,
they zoom over the church bells.

Roofs tremble, the gunpowder
is an oil that every evening
drops to the spoons and the ghosts,
and spills into the inkwells of the clerks.

They haven't found your daughter,
I tell my father.
Xunka has not arrived yet,
my mother says, almost in silence.

X.

Morning opens like the grasses
of my pueblo, leaves of corn and orange squash.

The dreams of the wounded
rise to caress her, they weave yellow crosses
woolen suns, rivers of lances.

It rains on the streets,
maids scurry to the market.
Their laughter and jokes, their heavy dresses.

The twittering kiosk lets go of its copper
and city life begins. Once more
another river happens. Flows down my braids
all the way to my heart.

My mother Pascuala's hands
weave onto mine. At times the wounds
close and what is left is only
the act of being reborn.

XI.

Wind from Chenalhó
broken cornfield, weeping bone

and pollen and tiny machines of electric fury.
You lullaby and pull yourself over the women face down
kissing shawls of nothingness and lights of the underworld
your gilded columns, your fortunes and punishments
diagonal between tanks and machine guns, here
you cross through my slips and my swollen breasts and
the fire beneath my woven blouse of red and green
you are the wise one, your flag upon the residences
of cholera and dissolved bones under puddles, stars
shredded in the pits, foreign signs, birds
unknown and howls on the verge of miracle
you sleep in my hair and awake in my footsteps.

XII.

It makes me laugh to think
that five years ago I was twelve.

It was yesterday when I began to grow old.
Older than my mother, who still dances barefoot.

Streets are darker and tremble more.
Men no longer have their harp voices,
I only hear their gears, their double meanings.

My ranchito appears and
I laugh, then I cry, I blow but I don't whistle.
My little dog does not run out, nor does the serious mule.

My child—will you be a beast,
will you be a thorn flower?

I hide beneath the bed of bandages and quinine.
I want to dig an infinite tunnel
to Chenalhó, me and the ants. I laugh,
cry, sweat—caress my hard belly.

XIII.

The soldiers scratch themselves and smoke.
Sons of a sinister uncle, orphans
of the mountains. The Ak-Chamel will take them
in his Coyote disguise. They follow me,
they pinch my skirt.

They squat at the entrance to the Hotel Santa Clara
where the American press arrive.
They scratch, spit blood and comb themselves.

With my net bag of corn and avocados
I cross to the other side of the street.

I am tired. My eyes dark circles.
My hands tremble in the city.
I vomit green and red. I sweat and wait

for the skinny arms of my sister Xunka.
I go hunched, I melt and disappear
in a sundry goods store, it smells
like a plantation perfumed, dried sausages.

XIV.

I walk and go in circles
among the crowds and
the centipede of shadows.

My belly beats me, knocks me down
it rows and saves me, it has no port
no destination, I get pains
like chained fruit, down I sit
on iron and willow benches
talk to myself, I see my mother
helping my grandmother cross to the kiosk
her walking stick, her fury
and her invisible leg.

A red bouquet shivers
inside of me. I search where to sleep
in this damp desert of moons
in pieces and fires — goose bumps.

XV.

Totil Me'il,
I finished my weavings
in the manner taught to us by the saints.
I fulfilled my obligations.

Sacred ancestors of the mountains
I hear Xunka's drums, I hear her flute:

Makal,
I am walking down the broken path, dreams
mirror of ashes, black corn wing.

I crossed the borderlands, Makal,
I crossed thinking of you and mother Pascuala,
like this, with these same huaraches, my woolen shawl that
you sewed, I came from the Highlands,

by the three crosses and the caves,
I washed the altars, like you taught me, left flowers,
as always, also my offerings, my songs,
three tiny glasses of pox liquor for the Lord of the Earth
and the sky saints,

I ambled thinking of you,
I sang to a chu'uch, then I remembered your güipiles,

Grandmother Maruch's arms and
my feet weaving the trail, our love,

I crossed the borderlands,
the colonial coffee plantations where we worked
from sun to sun, my net bag full
of little stones and hard tortilla,

my sack with chayotes and corn, I dreamed
my garden in Acteal, the cornfields of spotted corn,
white corn, red corn
four colors of corn, four suns

Makal, everything was left behind,
they destroyed it, it remained soaked in blood,
like this, this is how I crossed the borders,

so many sad songs from Chenalhó
I crossed mute, without words, it is impossible
to think how our meadows blossom
where so many withered bodies lie,

everything remains at the foot
of a pine tree of lights, smallish and abandoned,
I follow the rough braids of its perfume,

branches and severed spirits by the hills,
in the hollows, my feet in the waters,
my back stubborn and denied,

you remember Simojovel, how
the little girls were left and their open eyes
beneath Río Portugal?
Like this, Makal, they ambushed us in the night,

they arrived by surprise
with their silver instruments and left their shadows
on the cold faces, they left their uniforms of fury
on the pueblo of straw and dreams and sweat without flowering

I escaped by the hills
among the pines and the trails, beneath a red moon
among the small stones and the rumors of the PRI,

I came down across the murmurs, the mosses
the lukewarm gray kitchens,
through the fog in the tresses of the fallen

like this, with fire in the blood and
the night on my temples playing out
their drums of counsel:

> *so many dead, lift them!*
> *revive them! Plant them in your rainy heart,*
> *so many dead, lift them!*
> *Revive them, plant them in your rainy heart*

I traveled among reddish satchels
and bullets, only your grinding stones are left,
the hoes with their wild and pointed eyebrow,

the blackbirds attempt
a song with the scattered twigs,
they are my sisters—they prepare their return
between a strange corn mash of resentments,
strange with love

a shawl
of dark seeds and electricity covers me, I come

from thatched roofs burning to this congress of leaves
reborn in nothingness, in black waters,

I crossed the borderlands
my dress peopled with the disappeared, migrations
of villages among villages in exile, Mam,
Tojolabal, Chol,
Kanjobal, Tzotzil,
Tzeltal, Maya—I am coming down

with my bundle of flowers, this journey of steel
and hope, I go planting by the new wound
this delirium of red corn
                              —I am coming down
the children wave at me
through the dark-circled eyes of the municipios
still they breathe, still they draw on the dust,

look at me closely,
I do not have that face
the one that you gave me, Mother, look at me closely,

Father Xun
I do not have that tiny green-branch voice,
I am of another breath, woven between disasters
listen to me well, Father Xun, listen to me

I am crossing
so many centuries in my ribbons, I go toward
foreign lands, toward the communications
between universes in a drop of water,

I go fast
through the abyss across the millennium
boiling with a thousand nights

in my little-girl fists, with so many beings
at my side, in a battle for their complete form,

this is how I crossed, Makal,
I crossed the borderlands, sister of mine
with your newly born girl in my arms—a star
rebel corn over a mountain of sun.

About the Author

Juan Felipe Herrera's work includes poetry, prose, photography, and playwriting. He is a graduate of the University of California–Los Angeles, Stanford University, and the University of Iowa. As a poet and performer, he has traveled throughout the United States, Mexico, and Central America. His work with community centers and art spaces during the last three decades has ranged from organizing mural productions, theatre, and music festivals to bookmaking, multimedia, graphics, and performance workshops. His current books include *Mayan Drifter: Chicano Poet in the Lowlands of the Americas* (Temple University Press, 1997), *Laughing Out Loud, I Fly* (HarperCollins, 1998), and *Border-Crosser with a Lamborghini Dream* (University of Arizona Press, 1999). Currently, he resides in Fresno, California, and lives with his partner, performance artist and poet Margarita Luna Robles.

Tejedoras de rayos

Camino del Sol

Tejedoras de rayos

JUAN FELIPE HERRERA

Editorial de la Universidad de Arizona   Tucson

Editorial de la Universidad de Arizona
© 2000 Juan Felipe Herrera
Primera edición

♾ Este libro fue impreso en papel sin ácido y de calidad de archivo.
Impreso en los Estados Unidos de América.

05   04   03   02   01   00   6   5   4   3   2   1

Library of Congress Card Number 99-6486

La publicación de este libro ha sido posible en parte con el
financiamiento de una fundación permanente, establecida con
la asistencia de una subvención del National Endowment for the
Humanities, una agencia del gobierno federal.

No necesitamos pedir permiso para ser libres.

—*de un mural en Acteal, Chenalhó, Chiapas*

Tabla de Materias

Reconocimiento

Para las mujeres, niños, y hombres mayas quienes fueron emboscados y matados en Acteal, Chiapas, en el invierno del año 1997—para sus familias, sus antecedentes, y para los que continúan luchando por la justicia y la paz en Los Altos, México, y a través de las Américas y del mundo.

Para Margarita Luna Robles, sin la cual tendría menos que decir, para Lauro Flores y Alexis Mills Noebels, sin los cuales mi español carecería voz, para Patti Hartmann, Christine Szuter, Judith Wesley Allen, Lisa Bowden, y Christopher Galvez, sin las cuales este libro no existiría.

Gracias.

Tejedoras de rayos

Xunka: La hija perdida

Xunka

I.

¿Chenalhó—quién?
¿Por cuáles camínos?
¿Entre cuál sangre?

Tantos güipiles en llamas
antorchas sin fin, y mi madre Pascuala,
sus manos pequeñas, sus ojos de luz y
este bosque que se derrama
sobre mi pecho.

Municipios entre las oscuridad y la furia.
El café se desvanece, la cosecha renace
en explosiones niñas que nadie reconoce.

II.

Techos de estaño, enaguas de incendio
nombres de maíz y lunas

de desaparición—Dile a la luna
que no quiero verla
que no quiero ver el güipil de mi hermana Makal
en la arena. Estrellas sin destino
sin movimiento, ni cosecha—

aún el sol camina,
mana de nuestras entrañas, la lluvia cae
en espirales de rabia, una nube aquí, otra allá
¿O es acaso mi mano, mis pasos a través de los municipios,
un humo violeta que se persigna al caer?

III.

San Cristóbal de las Casas, el humo
te corona, manos astilladas, niñas jorobadas
torturas en crucigramas.

Este río, se escabulle
desde Los Altos y Montes Azules hasta mis piernas.
Los graneros están vacíos, los arados
son de hueso Tzotzil. Sólo rifles que se erizan,

metrallas, la sed de la ceiba
y la bodega engalanada con soldados tristes.

IV.

Jardines y tumbas de mineral y rencor
maizales y difuntos, mujeres con rojos listones
entre sus trenzas, las niñas—mis compañeras de viaje,
frías con puñales de hojas en sus espaldas y la luna
nos mira, nos tolera y nos olvida.

V.

¿Te acuerdas de Abuela Maruch quien vendía flores de papel
en el mercado Santo Domingo, al lado de la iglesia?

¿Te acuerdas de Pascuala, cargando ocotillo con sus
tres hermanas, en Chamula, domingo y día de mercado?

Y Mikel de Zinacantán, quien nunca duerme, se acuesta
a orillas del Río Grijalva y se pone a escuchar el remolino
de la tierra, ¿será mi corazón? pregunta.
¿Será mi padre quien me llama con su machete?

VI.

Los hornos brotan de las veredas con sus banderillas
rojizas, arrastran a los viejos. Se tragan a las muchachas
quien caen al infinito hueco, esta tormenta de soldados

y elegías de tanques militares. Entonces, somos sangre
sin márgenes, sobrevivimos en bosques de seres devorados y calles
de maquinaria ajena, capitanes y sargentos de casa en casa.
¿Cómo te llamas? me preguntan. ¿Dónde se esconde tu madre?

VII.

La calle se desmorona.
Mi abuela Maruch vende calabaza y maíz tostado.
Queso de Ocosingo y virotes de tres días. Se desintegra.
Corro y me pierdo en la llanura, en el odio.

Mis pequeñitos puños nacen
de una simple bolsita de azúcar y café.

VIII.

Llamo a mi madre—Pascuala:

¿Estás en camino hacia Angel Albino Corzo?
¿Vienes de Pohlo, con los brazos cruzados?
¿Caiste en Xoyep, con mi hermano Marianito?
¿Te encontraron en La Concordia entre miel y cenizas?
¿Rodaste a Huituipán, una piedra mellada de suplicaciones?
¿Ya vienes cantando, con tu luna favorita, por Jitotol?
¿Te trajeron desde La Garrucha con los ojos vendados?
¿Oyes a Papá en Mazapa de Madero, en el quiosco?
¿Descargas a mi padre, Xun, sobre el pasto de Catazaja?
¡Te espero, como siempre, en Pantelhó! ¡Ven!
¡Te abrigo en la noche de Tenejapa, una vela y una flor!
Caminaremos juntas a Mitontic, llenas de estambres amarillos
como este camino de Chenalhó,
esta noche de tempestades y aguas profundas.

IX.

Los Zapatistas están de luto
por tantos muertos. Sus cantos y rezos vuelan
por los parajes abatidos, sobre el polvo florido de los sufrimientos.

Contemplo las estrellas. Pido aliento, una miga de manantial
que aparezca un cordero, pero sólo cae una ancha barba de humo
un destrozado decreto de aquel don Presidente de voz baja
y estos pies que tiemblan cuando tocan la tierra húmeda.

X.

Tumbas y martirio
¿cómo se dice en español?
¿Mar de sangre a galope tendido?
¿cómo se traduce para la prensa?
Mi choza borrada para siempre
y mi perro de ojos terribles
sin lengua de tanto aullar, ¿cómo
se dice, cómo se mide esta arena
en mis venas y mi cabello largo?
Estoy ardiendo, mis piernas,
tan pobres, se borran también;
polvo de carne, aluminio de agua
¿cómo se dice con la boca abierta,
muerta de sed?

XI.

Las bestias huyeron entre las barrancas.
Quedaron las mujeres, tendidas, sus caras dulce
musgo y sus manos de dedos elegantes, nudos
nubes, en busca de esa pequeña
niña democracia, la que se nos escapa en los momentos
de traición y cuarteles de sangre
por los sueltos truenos
en las faldas de la montaña Tzontehuitz.

XII.

Una sonrisa se desliza en el agua—
es mi rostro, manchado de grasa entrecortada.
Son las millas de luto en mi largo pelo negro.
¿Todavía existo en esta nada?
Es esta semillita, este suspiro
maíz y calabaza, frijol y espinas
que se rinden sobre mis hombros.

XIII.

Aquí cae la lluvia
quemando las hojas,
mis rodillas negras,
la pólvora en tus labios.

Una cebolla quiere nacer
en una lata, un corazón y una naranja
quieren brotar de mi hermana mayor, Makal,
su bulto de nueve meses, su ciudad blanca
púrpura, abandonada de amargura y esperanza.

XIV.

Quiero comer un poco de tortilla
pero no encuentro la ciudad
no veo la callecita, una rosa rota hecha trizas
me toma por sorpresa, un violín
de un cuarto misterioso
en el camino, una vela entre las ruinas
este alto silencio sobre mi frente
no encuentro la leche, el rápido
diamante de los pobres, busco
a mi madre tejiendo su güipil de soles y cruces
pero no encuentro el pueblito
no diviso la magra veredita, sólo esta caja
de tropas y mujeres Tzotziles que marchan en fila
al lado de un camino, hecho pedazos
yo las sigo, con mi duro vestido—
hoy cumplo doce años.

Pascuala: La madre entre los rayos

PASCUALA

I.

Xunka, hija mía, me buscas—
me buscas por tu patria en tinieblas.
Camino a tu lado y tú me pides agua,
no sientes las llamas que emanan de mi manos,
no entiendes estas nuevas vocales
de fuego y tierna alarma que flotan en el viento.

II.

Tú no me miras cuando te acaricio.
"Es esa rama loca que me persigue," dices,
así me llamas — "rama loca."

Esculcas bolsas perdidas y entras, feroz,
a los cuarteles abandonados, nada,
sólo el suelo empapado, los rincones brillantes.

III.

Me dejaron, semienterrada, entre los cafetales
llena de humo y hojas y lodo y sangre. Pedí misericordia
con los brazos abiertos, pero me prohibieron hablar;
estás muy fea, tú qué sabes, dijo el teniente.

Me echaron con las demás, las jóvenes y las niñas
chorreadas de pus y llagas y moscas y heridas infinitas que van
desde sus pechos negros hasta los cerros sagrados de nuestros dioses.
Me dejaron, semienterrada, entre los cafetales.

IV.

¿Te acuerdas, Xunka?
¿Te acuerdas de cuando descendieron en uniforme?
Nos emboscaron y corrimos de nuestro barrio
dejamos las gallinas y las camitas de estambre
y el fuegito cociendo nixtamal.

¿Y los perros y los chiquillos?
¿Y tus ojos de siglos y tus labios de segundos?
Camino y te busco
donde hay más luz, te busco.

V.

Tu abuela se escapó, dicen. Se fue sin cuchara
ni bendiciones. Acabó en los locos charcos de cuerpos,
manos y muñecas delirantes. Le llamo también,
y a tus hermanas. Nada, sólo mis pasos a través de este país vendado.
Todas las piedras teñidas con mi aliento
el horizonte repica con voces de sombras y niñas moribundas.
Llega un oceano de aceites, las olas que siempre soñaste.

VI.

Aquí sufrimos, aquí gozamos, en este puño de sal
este quebrado jacal de maizales, aquí donde se enciende la noche
de energía y sabor a chocolate, de estiercol y pétalos preciosos.
Fue aquí donde caí, Xunka, ya tienes años suficientes
para entenderlo. Me ufano de haber sobrevivido.

Ahora quedas tú y esta hambrienta llama de soles
en tus huesos.

VII.

Atravesé la angustia,
con mi canasta de lana
el pueblo tan pobre, opaco, azotado de abandono
descalza y veloz, crucé por las callesitas, con mi
pecho de aguaceros y mis pies y mi alma volando
ten, grité—agarra mi pelo, tómalo y detente
ven conmigo por un momento, nos iremos
los dos, con tus hermanas, Nuk y Makal
y tu hermanito, Mariano, a escondidas de los guardias,
vamos ascendiendo por las orillas nocturnas de esta patria.

VIII.

El obispo García prepara el velorio
entre las detonaciones y los llantos circulares
les sirve atole a los refugiados, llama a la prensa
se inicia un diálogo con la red internacional,
te pido que vayas a verlo, organiza,
no te olvides de tu madre y tu padre
este sepulcro en torbellino.

IX.

Arrastran a las mujeres de las trenzas,
sus pechos cortados, sus moños ensangrentados.

No te consumas
no te pierdas en el humo y la peste
en el bramido de tantas fiestas de colgados.
Camina, Xunka, camina, sigue con tu inventario
los niños de Oxchuk,
las abuelas de Larrainzar

esta misma calle oscura
tómala en cuenta—es mi espalda
despide tu calor raro y despierto.

X.

Canto sobre una esponja de ruinas
en la encrucijada, las fortalezas, los hechizos
de los ingenieros y su pañuelo de roce social.
Canto por las colonias explotadas, espuma centenaria
metates, molcajetes y pómulos del alba
hilo y cuerda, nixtamal e instalaciones secretas
de estambre y lana, de polen a racimo de árbol
de guerra a libertad.

XI.

La guitarra de tu padre
todavía esta tirada junto a la noria.
Allí en su cicatriz callada
nace el latido de la montaña.

La guitarra se inclina hacia mis colores,
mis algodones. Sus cuerdas están enebradas
a mi telar, esperan tus dedos calcinados.
Los soldados buscan a tu padre, dicen,
pero no saben que él es de lana,
tierra y canción.

XII.

El triunfo del pueblo emanará de una rama rota,
en un paisaje de yegua herida y un maizal trastornado.
Estará en tus hermanas, sus instrumentos renovados
a través del mundo, en el polen internacional
las montañas que de repente se convierten
en aves y serpientes y mujeres y relámpagos duros.

XIII.

Así llega la libertad, Xunka
a través de tantos años y sangre
entre el musgo y las velas rotas
noche de metales incandescentes
y estampidos de máquinas jaguares
espaldas niñas que sangran y se destrozan
flores sin héroes
y ciudades sin lunas.

Las casa se quema, Xunka
camina, escucha, canta, junta
tu voz, de grano en grano,
cuerpo con cuerpo
a todo, a todos.

XIV.

Xunka, siembras, sueñas, tejes
te arrodillas, te quedas sola—no hay voz
de pronto, ni llama que te alumbre.

Tus sueños se pierden en el Sur,
las fronteras se desmoronan, sólo quedan
tierra y amor.

Sólo quedas tú
la ciudad asediada
y el sol.

Por mi parte, Xunka, duermo aquí, junto
al arroyo verde que cruza los mundos. Mis manos
siguen tejiendo y se mueven con nueva agilidad.
Tus pasos suben a Los Altos y bajan a las congregaciones.
Hay voces que te buscan y brazos que te protegen.

Cada color, cada diseño, Xunka,
es una estrella nueva.

Maruch: La abuela de las veredas

Maruch

I.

Cuando penetraron los soldados, pensé en ti, Pascuala,
corrí hacia el fondo del río, donde solíamos desnudar hojas y risas.
Los cielos se nos escapan en este instante, sólo ramales
que se quiebran y veredas que se abren al los vientos.

La rosa se niega y el metal triunfa, el origen
de tus manos, el maíz rojo, todo se mezcla y se me va.
Salí con mi bastón y un elote en mi bolsa de yute.

La luna se prolonga, espuma y baba manan de su boca
la sierra me sostiene y tus ojos me despiertan.
Mi bolsa me golpea,
ceniza, hierro—¿dónde están?

II.

Le sonrío a mi destino, la guerra, las pocas cosas que nos quedan:
azadones para el entierro, para rifles y flautas funerarias.
Te sueño a ti, a mis hijos, en el Socunusco, bebiendo
aguas de fruta tropical, en un ranchito en Huixtla.

Entre fusiles y hojas deshechas, me llegan los sueños:
estoy en Cancuc, como la niña sagrada que presenció a La Virgen,
de un momento a otro—estoy con ella,

me dice:
Maruch, Maruch, ¿me oyes? Mira

¡ya no hay Rey, ni Presidente, ni esclavitud!
Maruch, tócalas, estas nubes que se enlazan sobre tus pies.
Me regala un rosario y copal.

Luego despierto
en un cuartel de caciques uniformados
sus ojos de lobo, voces sin alma.

III.

Un tanque militar casi me arrolla, pero lo esquivo.
Huaraches y una bolsa, puños y cenizas, la luna gira.

Voy por las orillas y las explosiones.
El terreno se hincha de llanto y cuerpos,
se abren como rosas.

Xunka, ¿dónde?
Pascuala, ¿en cuál cueva?
Makalita, ¿corres adelante de mi?

¿Estarán en el plantón de la catedral
en San Cristóbal, en el pasto comiendo papaya?
Y tú, Pascuala, ¿me oyes o solamente le hablo
a mi abuelo Canek, el ánima que me acompaña,
que me empuja con su xawaxté—
ese bastón de palo negro.

IV.

Yo solía cocinar en una choza.
Una casa de telares y estallidos solares
nacían un mundo y un cielo
en manos de Pascuala.
La luz menguaba sobre el simple
metate de piedra, el maíz blanco.

Y una mañana florecieron las llamas
entre la guitarra, mi cama y los pequeños pies
de mis hijas. Y luego las metrallas
y luego los hondos huecos
la tinta verdigruesa de los güipiles,
la noche se hizo flecha y entonces los güipiles mismos
estallaron, otros mantos aparecieron
otras hogueras se desparramaron
desde los senos endurecidos, hacinados
cuerpos sin rostro, vasijas sin destino.

V.

Bajo de la montaña, una camilla de la Cruz Roja
los fuereños me dan suero, oxígeno
y me hacen preguntas en español.

Sólo oigo las campanas
siento cada flor deshojada, cada crimen
de espaldas atravesadas por las balas
cada niño como si fuera mío
cada niña como si fuera mía
cada calabacita rota, en los charcos muertos
sólo oigo las campanas y tantos ríos espesos
que se desploman desde Los Altos.

VI.

Corre la sangre por las calles
unos ladinos cierran sus tiendas de abarrotes.
Corre la sangre por las colinas
unos niños enrojecen para siempre.
Corre la sangre por las cocinas
el televisor y el altar de elotes se desvanecen.
Corre por la herida de México
una X en medio de su corazón.

VII.

¿Por qué soy Tzotzil?
¿Por qué nací en en esta tierra de tantas tormentas?

Siembro maíz pero cosecho pólvora
Siembro café pero cosecho ánimas con rabia
Siembro mi casita pero cosecho las entrañas
de esta tierra caida.

¡Maruch, Maruch!
me canta la niña santa de Cancuc
entre otra botella de suero y agujas y vendas.

Maruch, Maruch, despierta, ya estás en San Cristóbal.
Tu familia te espera.

Desconozco la arquitectura, escupo sin querer
la noche se desvela y persigue al día, las madres
corren y me sacuden.

¿Eres tú, Matal?
¿Eres tú, Petrona?

Soy un puñito de maíz rojo
recorro una extraña hendidura
el ácido de mi frente me quema
soy de Chenalhó, así digo
y me quiebro.

VIII.

Escopetas y azules piedras
pestañas sueltas y néctar de maíz rojo
todo gruñe y se revuelve, la nata de sangre
con la chicha, la hábito de sor Juana
contra las balas y el café
mis mismas manos tiemblan
y desaparecen y arden y se encienden,
guitarra contra rebozo
heridas contra la tarde interminable
la estatua de Mazariegos, el cafetal
de ojos sueltos y negros
mis muslos entre los panales de lumbre
y brazos crucificados, las estrellas
los bolillos de mujer pobre, los aviones
entre palomas, sacristías y cuarteles
y los pinos que respiran y silvan
los machetes furiosos, explosión
de cuchillos.

IX.

Te tiento a través de la mañana, Pascuala
ven y besa mi frente, ¿eres tú u otra sombra?

Aquí están tus hijas,
las encontré en la mesa del obispo, en refugio
con estudiantes y jícaras de caldo de gallina.

Acércate,
dicen que pronto usaré mis piernas.
Llegaron mujeres de nuestro pueblo,
compañeras de la finca, tantas veces
te recé con mis manos pisadas y
llegaste con tu güipil lacerado por la sangre,
sin esperanza.

¡Makalita, ven, salte de ese agujero!
Xunka, mira, ¿ves esta luz?
Pascuala, ven ahorita, vente volando.

X.

La máscara de la tierra estalla.
Los periódicos arden, las montañas
y las cruces están abiertas.

¿Quién llega de Los Altos?
¿Cuántos somos ya?
¿Quién queda, cuántos se levantan y saludan
a la luz, qué es este idioma de vocales
tan pesadas y pausas tan eternas?

XI.

Llegan más jovenes, cargan ocotillo,
atole y máquinas grabadoras.

Te distingo contra la cal oscura de la pared, Pascuala.
Beso tus manos duras, y delicadas como nubes.
Los niños juegan entre los escombros.

XII.

Pascuala, los hombres verdepardos siguen en su desfile.
Sus pechos grises, sus máscaras de paño amargo—
eran nuestros hijos en otro tiempo.

Teníamos las mismas rodillas.
Teníamos los mismos arados.
El maíz crecía igual al pie de nuestras ofrendas.

Pascuala, les arrancas los cascos. Te ofreces a su metralla,
a su crueldad y su presidente de armadura delicada.

Pascuala, les arrancas todo—menos
este paso infinito, este temblor de noche contra noche.

XIII.

¿Hablo a solas?

¿Con quien estoy sentada, eres tú, Pascuala?
Me traes pan duro y maíz tostado, un café aguado.

Siento tu pelo áspero como un río, toco tus corrientes.
Tejes algo, pero no veo, tus manos se abren y se cierran.
Tus dedos florecen y se quiebran, casi se quiebran.

Estas vestida de blanco hasta el suelo, lo siento.
Lo siento todo, de cuerpo a cuepo. Tu voz me arrulla.
Este sabor de mineral y ceniza se me va, por un momento.

Tus manos me acarician.
Es la luz de la sangre que corre afuera.
Es la pequeña y jorobada luz de la sangre
que corre afuera.

XIV.

El sol se congela,
alumbra las calles frías y húmedas.

Cae sobre el invierno que resucita día a día.
Sopla desnudo y se nutre de nuestras trensas y vapores.

XV.

¡Makal!
Xunka, vámonos
tomadas de la mano a la clínica.
Makal, ¡mi bastón!
Xunka, te adelantas con Pascuala.

Seguimos tantos pasos
sobre las machacadas piedras
de Chiapas ametrallada y la ternuras
que todavía busca un sendero, una voz.

Makal: La hija de los tambores

MAKAL

I.

El sol nace
por las distantes arenas de mi pueblo, Acteal
pueblito de huaraches de musgo y paredes de barro.
Alumbra las chozas quebradas, hojas
tiradas y raíces sin fruto.

Cae sobre el invierno
que resucita sin aliento ni música
día a día, gira desnudo, en su chamarro blanco.
Es una boca que desciende
a través de las calles de San Cristóbal,
me busca, me llama Makal—¿eres tú?

¿Eres tú entre las astillas?
El sol antiguo se nutre de la niña tambor
que sueña en mi vientre, este huracán militar.

II.

Ayer llegó una ambulancia
vino tejiendo sus listones rojos y eléctricos.
Yo tomaba una maizena amarga.

Abrieron las puertas y dejaron a una anciana
en la clínica del obispo, era un cristal caído
envuelto en sábanas y vendas de vino negro.

¿Eres tú, abuela Maruch?
La anciana abrió los ojos desde una profundo horno.

Quiso volverse, huir,
gritó algo de Pascuala,
algo de un nuevo tejido, el café,
algo de Xunka, mi hermana—
me llamó Makal. Cayó el cristal
solo del cielo hasta la camilla
perdida entre otras nubes y una fina llovizna.

III.

Oigo un tambor distante, oigo flautas.
Al lado de la catedral del obispo, estamos tendidos.
Me arrecholo a mi abuela. Le canto de la criatura
en mi vientre. Le enjuago las heridas.

Tanta sombra, me dice, ya quiero salir, me grita
¿Adónde, madre grande? le suplico. ¿Adónde?

Donde había maizales
quedan tan sólo perros y cerillos. Lamen la sangre
que no ha acabado de embeber la tierra.
Lamen tristeza y rabia.

El tambor se hincha y se extiende
sobre las bóvedas de la ciudad
y los cielos decapitados.

IV.

Llega la prensa, llegan los oficiales.
Soldados y armas, atole de vainilla, cada día
un litro de agua.

¿Y mi madre Pascuala? Les grito.
¿Y mis hermanitos, Nuk, Xunka y Mariano?

Le jalo el casco grueso
a uno con metralla plateada.

Se retira a la guarnición.
Cascos en vez de maizales, rifles
en vez de milpas.
Le doy agua a mi abuela,
su frente henchida de caos y sudor.

Todo ha cambiado para siempre,
menos este frío viento que no da flor.

V.

Soy Makal,
la mujer niña de Chenalhó.
La hija de mimbre. Mis brazos se multiplican
en el pabellón de heridos. Los cubren, los levantan
los tejen entre mis varas exactas.

Construyo una casa, una banca, una silla,
un piso donde bailan mujeres sin alajas crueles
sobre el pecho, sin llagas ni sienes profanadas
donde se abre este río de sacrificios.

Este vientre es otro mimbre, hojita de luna
rama de verdes vientos y de ásperas luchas. Es de tambor,
flauta de caña y maíz del alba.

Visito a mi padre Xun, en la noche.
Las enfermeras acuden a él. ¿Es mi hija Makal? dice.
Soy Makal, la mujer niña de mimbre.

VI.

Echaron al gobernador de Chiapas
y a sus acayos. Sólo queda esta sala
de sonámbulos, estas piedritas de maíz sabio.

Quedamos tantos tristes. Quedamos tantos
tendidos, azules, oscuros. Unos sueñan
el festival de San Lorenzo en febrero, otros
a sus mujeres inocentes, con su pelo líquido.

VII.

Las cruces de Tzontehuitz me amparan.
Mis ofrendas, mis flores, el copal que les sahumé.

Madre Grande, tú me enseñaste todo. Como envolver el vestido,
como tejer, como rezan los Pasiones por cuarenta días
antes del *K'in nebal*, el festival de las nubes.

Abuela Maruch, somos tejidos del universo
ronco y fugaz sobre tu pecho. Tus duras manos
tan lejos de mí, suben y bajan en la noche.

VIII.

Niña, ponte de pie,
vienen a verte. Sí,
abuela Maruch, le digo.
Bajo por la terrible escalera,
brinco sábanas empapadas de susto
y almohadas y rostros apagados.

Hallaron a una mujer y dos niños.
Dice que busca a Makal, su hija encinta.
El reportero de la capital me informa.

Corro y tropiezo.
El tambor surge otra vez.
Abrazo a la mujer y me desplomo
a sus pies descalzos
beso su falda ensangrentada.
No puedo ver, Makal, me dice,
pero te siento.

IX.

Makal, mi bastón,
gime mi padre.

Todavía no, Xun, le aconseja
mi madre. Todavía no.

Abuela Maruch le da un dulce de tamarindo.
¿Y Xunka, mi hija? pregunta mi padre.

Los aviones se derriten,
zumban sobre las campanas de la iglesia.

Los techos tiemblan, la pólvora
es un aceite que cada anochecer
cae en las cucharas y en las ánimas,
y se derrama en los tinteros de los escribanos.

Todavía no encuentran a tu hija,
le digo a mi padre.
Xunka aún no llega,
dice mi madre, casi en silencio.

X.

La mañana se abre como las pastos
de mi pueblo, hojas de maíz y anaranjada calabaza.

Los sueños de los heridos
suben a acariciarla, tejen cruces amarillas
soles de lana, ríos de lanzas.

Llueve en las calles,
las criadas se apresaran al mercado.
Sus risas y sus chistes, sus enaguas pesadas.

El quiosco cantarín suelta su cobre
y empieza la vida en la ciudad. Una vez más,
otro río nace. Desciende por mis trenzas
hasta mi corazón.

Las manos de mi madre Pascuala
se tejen en las mías. A veces las heridas
se cierran y queda solamente
el acto de renacer.

XI.

Viento de Chenalhó,
milpa rota, llanto de hueso

y polen y máquinas pequeñas de furia eléctrica.
Te meces y te arrastras sobre las mujeres boca abajo
besando rebozos de la nada y luces de inframundo
tus columnas chapeadas, tus suertes y castigos
sesgados entre los tanques y las metrallas, aquí
cruzas entre mi enagua y mis pechos hinchados y
el fuego debajo mi blusa tejida de guinda y verde,
sabes más que todos, tu bandera en las residencias
de cólera y huesos disueltos bajo los charcos, estrellas
trituradas en los pozos, signos ajenos, aves
desconocidas y gemidos al borde del milagro
duermes en mi cabellera y despiertas en mis pasos.

XII.

Me da risa pensar
que hace cinco años cumplí doce.

Fue ayer cuando empecé a ser vieja.
Más vieja que mi madre, quien todavía baila descalza.

Las calles son más oscuras y temblorosas.
Los hombres ya no tienen voces de harpa,
sólo escucho su engranaje, sus dobles sentidos.

Mi ranchito aparece y
me río y luego lloro, soplo pero no silvo.
No sale mi perrito, ni la mula seria.

Criatura—¿serás bestia,
serás flor de espinas?

Me escondo debajo de la cama de vendas y quinina.
Quiero cavar un tunél infinito
hasta Chenalhó, yo y las hormigas. Río,
lloro, sudo—me acaricio el vientre duro.

XIII.

Los soldados fuman y se rascan.
Hijos de tío siniestro, huérfanos
de las montañas. El Ak-Chamel se los lleva
en su disfraz de Coyote. Me siguen,
me pellizcan la falda.

Se acuclillan a la entrada del Hotel Santa Clara
a donde llega la prensa americana.
Se rascan, escupen sangre y se peinan.

Con mi bolsa de maíz y aguacates
cruzo al otro lado de la calle.

Estoy cansada, tengo ojeras.
Mis manos tiemblan en la ciudad.
Vomito verde y rojo. Sudo y espero

los brazos magros de mi hermanita Xunka.
Jorobada, me escurro y desaparezco
en una tienda de abarrotes, huele
a plantación perfumada, a longaniza.

XIV.

Camino y doy vueltas
entre la muchedumbre y
los cienpies de sombra.

El vientre me palpita, me tumba,
rema y me salva, no tiene puerto
ni destino, me dan dolores
de fruta encadenada, me siento
en las bancas de hierro y mimbre,
hablo a solas, diviso a mi madre
ayudando a mi abuela a cruzar hacia al quiosco
su bastón, su ira
y su pierna invisible.

Un ramo rojo tiembla
en mis entrañas. Busco donde dormir
en este desierto húmedo de lunas
en trizas e incendios—escalofríos.

XV.

Totil Me'il,
Terminé mis tejidos
como nos eseñaron los santos.
Cumplí con mis deberes.

Ancestros sagrados de las montañas
oigo el tambor de Xunka, oigo su flauta:

                              Makal,
voy bajando por la vereda rota, sueños,
espejo de cenizas, ala de maíz negro.

        Crucé las fronteras, Makal,
crucé pensando en ti y en mi madre Pascuala,
así, con estos mismos huaraches, mi chamarro,
el que cosiste, me vine desde Los Altos,

por las tres cruces y las cavernas,
limpié los altares, como tú me enseñaste, dejé flores,
como siempre, también, mis ofrendas, mis canciones,
tres copitas de pox para el Señor de la Tierra
y los santos del cielo,

                me vine a paso lento pensando en ti,
le canté a una chu'uch, entonces recordé tus güipiles,

los brazos de la abuela Maruch y
mis pies tejiendo la vereda, nuestro amor,

crucé la frontera,
las fincas coloniales de café donde laborábamos
de sol a sol, mi bolsa llena
de piedritas y tortilla dura,

mi costal de chayotes y maíz, soñaba
mi jardín en Acteal, las milpas de maíz pinto,
maíz blanco, maíz rojo,
maíz de cuatro colores, cuatro soles,

Makal, todo quedó atrás,
lo destrozaron, quedó empapado de sangre,
así, crucé la frontera,

tantas canciones tristes de Chenalhó
crucé muda, sin palabras, es imposible
pensar como florecen nuestros campos
donde yacen tantos cuerpos marchitos,

todo queda al pie de
un pino alumbrado, chico y abandonado,
busco las trenzas ásperas de su perfume,

ramas y almas cortadas por la sierra
en los vacíos huecos, mis pies en las aguas,
mi espalda necia y rechazada,

¿te acuerdas de Simojovel, cómo
quedaron las niñas y sus ojos abiertos
bajo el Río Portugal?
Así Makal, nos emboscaron en la noche,

llegaron por sorpresa
con sus instrumentos de plata y dejaron sus sombras
sobre las caras frías, dejaron sus uniformes de furia
sobre el pueblo de paja y sueños y sudores sin flor,

huí por las colinas,
entre los pinos y las veredas, bajo una luna roja
entre las piedrecillas y rumores del PRI,

bajé por los murmullos, los musgos
la tibieza de las cocinas grises,
por la neblina posada sobre las trenzas de las caídas,

así, con un fuego en la sangre y
la noche en mis sienes tocando
su tambor de consejos:

> *tantos muertos, ¡levántalos!*
> *¡resucítalos! Siémbralos en tu corazón lluvioso,*
> *tantos muertos, ¡levántalos!*
> *Resucítalos, siémbralos en tu corazón lluvioso,*

Anduve entre mochilas guindas
y balas, sólo quedan tus molcajetes,
los azadones con su ceja brava y filosa,

los cenzontles intentan
una canción con las varitas desparramadas,
son mis hermanas—preparan su retorno
entre un nixtamal raro de resentimientos
raro de amor

un rebozo
de semillas negras y electricidad me arropa, vengo

desde una choza en llamas hasta este congreso de hojas
que renacen en la nada y en las aguas oscuras,

crucé las fronteras
mi vestido lleno de desparecidos, migraciones
de aldeas entre aldeas en exilio, Mam,
Tojolabal, Chol,
Kanjobal, Tzotzil,
Tzeltal, Maya—voy bajando

con mi haz de flores, este viaje de acero
y esperanza, voy sembrando por la herida nueva,
este delirio de maíces rojos
                                    —voy bajando
los niños me saludan
por las ojeras de los municipios
aún respiran, todavia dibujan en el polvo,

mírame bien,
ya no tengo aquella cara
la que me diste, madre, mírame bien,

Padre Xun
ya no tengo aquella voz pequeña de encino verde,
soy de otro aliento, tu aliento, tejido entre desastres
óyeme bien, Padre Xun, óyeme

voy cruzando
tantos siglos en mis listones, voy hacia
el extranjero, hacia las comunicaciones
entre universos en una gota de agua

voy recio
por el abismo a través del milenio
hirviendo con miles de noches

en mis puños de niña, con tantos seres
a mi lado, en lucha por sus seres completos,

así crucé, Makal,
crucé las fronteras, hermana mía
con tu niña recién nacida en mis brazos—una estrella
de maiz rebelde sobre una montaña de sol.

Sobre el autor

La obra de Juan Felipe Herrera incluye poesía, prosa, fotografía, y dramaturgia. Es graduado de la Universidad de California—Los Angeles, la Universidad de Stanford, y la Universidad de Iowa. Como poeta y actor, él ha viajado a través de los Estados Unidos, México, y Centroamérica. Su trabajo con centros comunitarios y espacios artísticos durante las últimas tres décadas ha abarcado la producción muralística, teatro, y festivales musicales hasta la producción de libros, multimedia, gráfica, y talleres de actuación. Sus libros recientes incluyen *Mayan Drifter: Chicano Poet in the Lowlands of the Americas* (Editorial de la Universidad de Temple), *Laughing Out Loud, I Fly* (Editorial HarperCollins), y *Border-Crosser with a Lamborghini Dream* (Editorial de la Universidad de Arizona). Actualmente, él reside en Fresno, California, y vive con su compañera, artista de actuación y poeta, Margarita Luna Robles.